AF322556

RÉPUBLIQUE FRANÇAISE.

MINISTÈRE DE LA GUERRE.

Carabine de gendarmerie modèle 1890.

TARIF PROVISOIRE

DES PRIX DES RÉPARATIONS

AUX ARMES PORTATIVES

En date du 6 septembre 1887.

Feuille additionnelle n° 8.

(Extrait du *Bulletin officiel*, partie supplémentaire, année 1892, n° 16.)

PARIS
11, *Place Saint-André-des-Arts.*

LIMOGES
46, *Nouvelle Route d'Aixe*, 46.

IMPRIMERIE ET LIBRAIRIE MILITAIRES
HENRI CHARLES-LAVAUZELLE
Éditeur.

1892

RÉPUBLIQUE FRANÇAISE.

MINISTÈRE DE LA GUERRE.

Tarif provisoire des prix des réparations aux armes portatives en date du 6 septembre 1887.

Paris, le 16 mars 1892.

Feuille additionnelle n° 8.

CARABINE DE GENDARMERIE MODÈLE 1890.

NOTA. — Les pièces d'armes pour carabines de gendarmerie modèle 1890 seront fournies :

Par la manufacture d'armes de Saint-Etienne aux corps stationnés dans les 1re, 2e, 6e, 7e, 14e et 15e régions ;

Par la manufacture d'armes de Châtellerault aux autres corps stationnés à l'intérieur ;

Par les directions d'artillerie d'Alger, Constantine, Oran et Tunis aux corps d'Algérie et de Tunisie.

CARABINE DE GENDARMERIE MODÈLE 1890.

PIÈCES D'ARMES DE RECHANGE		INDICATION DES RÉPARATIONS.	PRIX total des réparations.	OBSERVAT.
ÉTAT DE FABRICATION dans lequel elles sont livrées aux corps par les manufactures d'armes.	PRIX auquel elles sont livrées aux corps.			
1	2	3	4	5
	fr. c.		fr. c.	
		CANON.		
		Remplacer un canon avec boîte de culasse, hausse complète et guidon (Ma).......	16 00	
		Remplacer un canon avec boîte de culasse et guidon, sans hausse (Ma).........	13 85	
		Remplacer un canon avec hausse et guidon, sans boîte de culasse (Ma).......	8 50	
		Remplacer un canon avec guidon, sans hausse ni boîte de culasse (Ma).......	6 35	
		Polir la chambre à l'émeri...............	0 12	
		Nettoyer un canon ⎰ à l'huile....... rouillé intérieurement ⎱ au gratte-brosse	0 05	
		Aléser et polir le canon intérieurement non compris rebronzer (Ma)..........	1 30	Dont 1 fr. pour moins-value et le reste pour la réparation.
		Repasser les rayures, non compris rebronzer (Ma).........................	1 40	
		Relever un enfoncement dans un plein ou dans une rayure (Ma)............	1 75	Y compris repasser les rayures, aléser, polir et rebronzer une partie du canon.
		Réparer un canon gonflé dans le tir (Ma).	1 80	
		Redresser le canon.....................	0 16	
		Redresser le canon faussé à court pli (Ma)..............................	0 70	Non compris rebronzer.
		Enlever un étui ou un corps étranger resté dans le canon.................	0 08	A l'aide du cylindre extracteur pour les fragments d'étuis ou de balles.
		Réparer la bouche mutilée.............	0 08	
		Enlever les bavures à l'entrée de la chambre..........................	0 08	
		Réparer le logement de l'extracteur.....	0 15	
		Réparer le logement de l'extracteur et l'aminci fortement dégradés (Ma)......	0 25	
		Adoucir, polir extérieurement et rebronzer une partie du canon..................	0 25	
		Adoucir, polir extérieurement et rebronzer le canon sans la boîte de culasse......	0 45	
		Adoucir, polir extérieurement et rebronzer le canon y compris la boîte de culasse.	0 60	

CARABINE DE GENDARMERIE MODÈLE 1890 (*Suite*).

PIÈCES D'ARMES DE RECHANGE		INDICATION DES RÉPARATIONS.	PRIX total des réparations.	OBSERVAT.
ÉTAT DE FABRICATION dans lequel elles sont livrées aux corps par les manufactures d'armes.	PRIX auquel elles sont livrées aux corps.			
1	2	3	4	5
	fr. c.	CANON (*suite*).	fr. c.	
Guidon usiné........	0 15	Guidon........ Remplacer un guidon...	0 25	Y compris re-bronzer.
		Ressouder un guidon sur son embase..........	0 05	
		Rafraîchir un guidon....	0 04	
		Remplacer un guidon quand le tenon de l'embase a été arraché (Ma).	0 60	Si la réparation est possible sans entailler le canon.
		HAUSSE.		
Hausse finie, trempée	2 20	Remplacer une hausse complète........	2 80	Y compris rebronzer et bleuir, s'il y a lieu.
		Ressouder et réparer une hausse en service.....................	0 65	Id.
		Réparer une hausse en service.........	0 25	Id.
		Rebronzer le pied et passer au bleu toutes les pièces.....................	0 12	
		Mettre au bleu toutes les pièces sans rebronzer le pied....................	0 04	
Pied fini............	1 05	Pied de hausse Remplacer un pied de hausse	1 65	Y compris rebronzer le canon.
		Réparer un pied non dessoudé	0 15	Y compris rebronzer.
		Réparer un pied non dessoudé, sans rebronzer.	0 05	
		Adoucir et rebronzer un pied non dessoudé....	0 10	
Planche finie, trempée et graduée....	0 65	Planche de hausse. Remplacer une planche sans curseur.........	0 80	Y compris passer au bleu, s'il est nécessaire.
		Réparer une planche de hausse...............	0 08	Y compris passer au bleu.
		Redresser et retremper une planche de hausse.	0 08	
		Regraduer une planche de hausse...........	0 04	Id.
		Rafraîchir un cran......	0 04	
Curseur fini, trempé.	0 20	Curseur. Remplacer un curseur..	0 35	Y compris passer au bleu, s'il est nécessaire.
		Réparer un curseur.....	0 05	
		Retremper un curseur...	0 08	Y compris passer au bleu.
		Rafraîchir le cran.	0 04	

CARABINE DE GENDARMERIE MODÈLE 1890 (*Suite*).

PIÈCES D'ARMES DE RECHANGE		INDICATION DES RÉPARATIONS.		PRIX total des réparations.	OBSERVAT.
ÉTAT DE FABRICATION dans lequel elles sont livrées aux corps par les manufactures d'armes.	PRIX auquel elles sont livrées aux corps.				
1	2	3		4	5
	fr. c.			fr. c.	
		HAUSSE (*suite*).			
Ressort fini, trempé.	0 05	Ressort de curseur.	Remplacer un ressort de curseur............	0 10	Y compris passer au bleu.
			Retremper et rajuster un ressort de curseur....	0 04	
Vis - arrêtoir finie, trempée..........	0 02	Vis-arrêtoir de curseur.	Remplacer une vis-arrêtoir de curseur.......	0 07	Y compris retarauder l'écrou, s'il y a lieu.
			Remplacer une vis-arrêtoir cassée dans son trou................	0 11	Y compris passer au bleu et retarauder l'écrou.
			Réparer une vis-arrêtoir.	0 04	Y compris passer au bleu.
Ressort de hausse, fini, trempé.......	0 30	Ressort de hausse.	Remplacer un ressort de hausse..............	0 40	Id.
			Retremper un ressort de hausse..............	0 08	Id.
			Réparer et rajuster un ressort de hausse.....	0 06	Id.
Vis de ressort, finie, trempée..........	0 03	Vis de ressort de hausse.	Remplacer une vis de ressort de hausse.....	0 08	Y compris retarauder l'écrou, s'il y a lieu.
			Remplacer une vis de ressort de hausse cassée dans son trou.....	0 12	
			Réparer la vis..........	0 04	
Goupille finie, trempée..............	0 01	Goupille de hausse.	Remplacer une goupille.	0 04	Y compris retremper, s'il y a lieu.
			Réparer et rajuster une goupille..............	0 03	
		BOÎTE DE CULASSE.			
		Remplacer une boîte de culasse avec goupille (Ma)......................		7 90	
		Polir intérieurement la boîte de culasse.		0 20	Y compris la fraisure du manchon et, s'il y a lieu, le logement des tenons,
		Réparer la rampe hélicoïdale de la boîte.		0 06	
		Réparer la rampe de dégagement.......		0 05	
		Resserrer la fente supérieure de la boîte.		0 06	

CARABINE DE GENDARMERIE MODÈLE 1890 (*Suite*).

PIÈCES D'ARMES DE RECHANGE		INDICATION DES RÉPARATIONS.	PRIX total des réparations.	OBSERVAT.
ÉTAT DE FABRICATION dans lequel elles sont livrées aux corps par les manufactures d'armes. 1	PRIX auquel elles sont livrées aux corps. 2	3	4	5
	fr. c.		fr. c.	
		BOITE DE CULASSE (*suite*).		
		Réparer les rainures pour le passage des tenons	0 08	
		Réparer l'entaille pour le passage de l'extracteur.	0 02	
		Réparer la queue de culasse	0 10	Y compris rebronzer.
		Adoucir et polir les bords de la fente supérieure et de l'échancrure	0 04	
		Adoucir et polir le passage du chargeur et celui de la partie antérieure des cartouches	0 06	Y compris, s'il y a lieu, les bords de l'entaille pour le démontage de la tête mobile.
		Enlever les bavures à la butée des tenons de tête mobile	0 10	
		Limer, polir extérieurement et rebronzer la boîte de culasse	0 20	
		Polir extérieurement et rebronzer la boîte de culasse	0 15	
Goupille finie	0 02	Goupille de crochet de support. { Remplacer la goupille du crochet de support d'élévateur	0 15	
		Réparer la goupille	0 02	
		CULASSE MOBILE.		
Culasse mobile complète, finie, trempée	5 60	Remplacer une culasse mobile complète.	5 85	
		Faire marcher une culasse mobile en service	0 15	
Tête mobile, finie, trempée, la profondeur de la cuvette de $0^{mm},2$ à $0^{mm},3$ en dessous, les tenons avec un excès de $0^{mm},3$ à $0^{mm},4$ de longueur à l'arrière	1 20	Tête mobile.. { Remplacer une tête mobile	1 50	Y compris régler la profondeur de la feuillure et ajuster l'extracteur.
		Réparer une tête mobile.	0 12	Y compris retremper, s'il y a lieu.
		Fraiser la cuvette de la tête mobile	0 08	Sans recuire.
		Rajuster le collet de tête mobile dans le cylindre.	0 12	
		Enlever les bavures au bord des tenons	0 03	Id.

CARABINE DE GENDARMERIE MODÈLE 1890 (*Suite*).

PIÈCES D'ARMES DE RECHANGE		INDICATION DES RÉPARATIONS.	PRIX total des réparations.	OBSERVAT.
ÉTAT DE FABRICATION dans lequel elles sont livrées aux corps par les manufactures d'armes.	PRIX auquel elles sont livrées aux corps.			
1	2	3	4	5
	fr. c.		fr. c.	
		CULASSE MOBILE (*suite*).		
		Tête mobile (*suite*). Réparer et adoucir le bouton.................	0 02	Sans recuire.
		Réparer la fente........	0 03	Id.
		Réparer le logement de l'extracteur..........	0 04	Id.
		Réparer le trou ovale et polir le canal du percuteur...............	0 04	Id.
		Adoucir et polir extérieurement et intérieurement la tête mobile...	0 08	
Extracteur fini, trempé.................	0 35	Extracteur... Remplacer un extracteur	0 38	
		Retremper un extracteur	0 12	
		Réparer et rajuster un extracteur...........	0 08	
		Remplacer un cylindre..	2 20	
		Réparer un cylindre....	0 12	
		Retremper complètement un cylindre..........	0 20	
		Réparer la rampe hélicoïdale.................	0 08	Y compris rectifier la rainure de départ et le cran de l'armé, s'il y a lieu.
		Réparer et retremper la rampe hélicoïdale.....	0 22	
		Réparer l'arrondi du renfort antérieur.........	0 04	
Cylindre fini, trempé.	2 10	Cylindre..... Réparer et retremper l'arrondi du renfort antérieur...............	0 18	
		Réparer et retremper la rampe et l'arrondi.....	0 26	
		Réparer et adoucir une fente.................	0 03	Sans recuire.
		Réparer et adoucir le levier et son renfort....	0 05	Id.
		Réparer et adoucir le logement du bouton de tête mobile...........	0 02	Id.
		Réparer les tranches antérieure et postérieure du cylindre...........	0 04	Id.

CARABINE DE GENDARMERIE MODÈLE 1890 (*Suite*).

PIÈCES D'ARMES DE RECHANGE		INDICATION DES RÉPARATIONS.	PRIX total des réparations.	OBSERVAT.
ÉTAT DE FABRICATION dans lequel elles sont livrées aux corps par les manufactures d'armes.	PRIX auquel elles sont livrées aux corps.			
1	2	3	4	5
	fr. c,		fr. c,	
		CULASSE MOBILE (*suite*).		
		Cylindre (*suite*). Adoucir et polir extérieurement et intérieurement le cylindre......	0 08	
		Remplacer un chien	1 05	
		Réparer un chien.......	0 08	Sans recuire.
		Réparer le coin d'arrêt..	0 04	
		Réparer et retremper le coin d'arrêt..........	0 18	
		Réparer les crans.......	0 04	
		Réparer et retremper les crans.................	0 18	
		Réparer et retremper le coin d'arrêt et les crans.	0 22	
		Remplacer le coin d'arrêt par une pièce rapportée................	0 60	Y compris la goupille.
		Remplacer la goupille d'un coin d'arrêt rapporté................	0 04	
Chien fini, trempé...	0 95	Remplacer un coin d'arrêt rapporté..........	0 50	Id.
Coin d'arrêt, fini, non percé	0 25	**Chien........** Rajuster un coin d'arrêt rapporté..............	0 04	Y compris retremper, s'il y a lieu.
Goupille.............	0 01			
Noix rapportée, finie, non percée........	0 15	Réparer les crans à l'aide d'une noix rapportée..	0 60	Y compris la vis.
Vis de noix filetée...	0 05	Remplacer une noix rapportée................	0 45	Y compris la vis, s'il y a lieu.
		Remplacer une vis de noix rapportée........	0 08	
		Rajuster une vis de noix rapportée.............	0 03	
		Réparer le renfort et la crête du chien........	0 05	Y compris refaire, s'il y a lieu, la fente de repère.
		Réparer les coulisses croisées du chien.....	0 04	Y compris la tranche postérieure.
		Adoucir et polir extérieurement et intérieurement le chien........	0 08	

CARABINE DE GENDARMERIE MODÈLE 1890 (*Suite*).

PIÈCES D'ARMES DE RECHANGE		INDICATION DES RÉPARATIONS.	PRIX total des réparations.	OBSERVAT.
ÉTAT DE FABRICATION dans lequel elles sont livrées aux corps par les manufactures d'armes. 1	PRIX auquel elles sont livrées aux corps. 2	3	4	5
	fr. c.		fr. c.	
		CULASSE MOBILE (*suite*).		
Percuteur fini, trempé	0 50	Percuteur.... Remplacer un percuteur.	0 53	
		Réparer le T du percuteur	0 04	Y compris retremper le T, s'il y a lieu.
		Réparer la pointe du percuteur..............	0 04	Y compris retremper la pointe, s'il y a lieu.
		Redresser le percuteur..	0 04	Y compris retremper, s'il y a lieu.
		Adoucir et polir un percuteur..............	0 03	
Manchon fini, trempé.	0 30	Manchon..... Remplacer un manchon.	0 31	
		Réparer un manchon...	0 04	Id.
		Adoucir et polir un manchon................	0 03	
Ressort fini, trempé.	0 10	Ressort à boudin. Remplacer un ressort à boudin..............	0 11	
		Réparer et retremper un ressort à boudin......	0 04	
Vis d'assemblage, finie, trempée......	0 05	Vis d'assemblage de cylindre et de tête mobile. Remplacer une vis d'assemblage............	0 10	Y compris, s'il y a lieu, rotarauder l'écrou.
		Remplacer une vis d'assemblage cassée dans son trou..............	0 14	
		Réparer une vis d'assemblage................	0 04	
		MÉCANISME.		
Mécanisme fini, bronzé................	7 50	Remplacer un mécanisme complet......	7 60	Sans vis de mécanisme ni vis de pontet.
		Support d'élévateur. Remplacer un support d'élévateur	1 35	
		Réparer un support d'élévateur..............	0 10	Y compris rebronzer, s'il y a lieu.
Support fini, bronzé.	1 25			
Crochet rapporté, non percé ni trempé...	0 25	Réparer le crochet de support d'élévateur....	0 15	Y compris retremper, s'il y a lieu, et rajuster le support.
Goupille............	0 01			
		Remplacer le crochet à l'aide d'une pièce rapportée................	0 60	Y compris la goupille.

CARABINE DE GENDARMERIE MODÈLE 1890 (*Suite*).

PIÈCES D'ARMES DE RECHANGE		INDICATION DES RÉPARATIONS.	PRIX	OBSERVAT.
ÉTAT DE FABRICATION dans lequel elles sont livrées aux corps par les manufactures d'armes.	PRIX auquel elles sont livrées aux corps.		total des réparations.	
1	2	3	4	5
	fr. c.	**MÉCANISME (*suite*).**	fr. c.	
		Support d'élévateur (*suite*). — Adoucir et polir extérieurement et intérieurement le support.......	0 12	Y compris rebronzer.
Vis de support, finie, trempée..........	0 05	Vis de support d'élévateur. — Remplacer une vis de support d'élévateur....	0 10	Y compris, s'il y a lieu, retarauder l'écrou,
		Remplacer une vis de support cassée dans son trou....,........,...	0 14	
		Réparer la vis............	0 04	
Elévateur complet, fini	1 55	Remplacer un élévateur complet........	1 65	Sans vis-pivot
		Planche supérieure d'élévateur. — Remplacer la planche supérieure.............	0 35	
Planche supérieure, finie, trempée.....	0 30	Réparer la planche supérieure.............	0 04	Y compris retremper, s'il y a lieu.
		Redresser et rajuster la planche supérieure.,...	0 08	Id.
		Adoucir et polir la planche supérieure......,..	0 03	
Ressort fini, trempé..	0 25	Ressort de planche supérieure. — Remplacer un ressort de planche supérieure.,...	0 30	
		Réparer et rajuster le ressort.....,......	0 06	Id.
		Retremper le ressort.,...	0 04	
Planche inférieure, finie, trempée......:	0 55	Planche inférieure d'élévateur. — Remplacer la planche inférieure	0 65	
		Réparer la planche inférieure............	0 05	Id.
		Redresser et rajuster la planche inférieure..,...	0 10	
Ressort fini, trempé.	0 30	Ressort à galet de planche inférieure. — Remplacer un ressort de planche inférieure .,...	0 38	Y compris la goupille.
		Réparer et rajuster le ressort.....,......,..	0 06	Y compris retremper, s'il y a lieu.
		Retremper le ressort....	0 04	
Galet fini, trempé...	0 02	Galet .... — Remplacer un galet.....	0 07	Y compris la goupille.
		Polir un galet....,.....	0 02	
Goupille finie, trempée...............	0 02	Goupille de galet. — Remplacer une goupille de galet.............	0 05	
		Réparer et rajuster la goupille............,..	0 03	

(*)

CARABINE DE GENDARMERIE MODÈLE 1890 (*Suite*).

PIÈCES D'ARMES DE RECHANGE		INDICATION DES RÉPARATIONS.	PRIX total des réparations.	OBSERVAT.
ÉTAT DE FABRICATION dans lequel elles sont livrées aux corps par les manufactures d'armes.	PRIX auquel elles sont livrées aux corps.			
1	2	3	4	5
	fr. c.	**MÉCANISME (*suite*).**	fr. c.	
Vis de planche, finie, trempée..........	0 03	Vis de planche d'élévateur. { Remplacer une vis de planche d'élévateur ...	0 08	Y compris, s'il y a lieu, retarauder l'écrou.
		Remplacer la vis cassée dans son trou........	0 12	
		Réparer la vis..........	0 04	
Vis-pivot finie, trempée	0 05	Vis-pivot d'élévateur. { Remplacer une vis-pivot d'élévateur	0 10	Id.
		Remplacer la vis-pivot cassée dans son trou..	0 14	
		Réparer la vis..........	0 04	
Pontet fini, bronzé..	2 45	Pontet-support de mécanisme. { Remplacer un pontet-support de mécanisme....	2 70	
		Réparer un pontet.......	0 20	Y compris re-bronzer, s'il y a lieu.
		Adoucir et polir un pontet	0 15	Y compris re-bronzer.
		Réparer le logement du crochet, de la gâchette et de l'éjecteur........	0 12	Y compris ra-juster l'éjec-teur.
Crochet fini, trempé.	0 50	Crochet de chargeur. { Remplacer le crochet ...	0 56	
		Réparer et rajuster le crochet..............	0 08	Y compris re-tremper, s'il y a lieu.
		Rafraîchir le bec	0 04	
		Donner de la saillie au bec.................	0 06	Y compris re-tremper.
Ressort fini, trempé.	0 40	Ressort de crochet et de gâchette. { Remplacer un ressort de crochet et de gâchette.	0 48	Y compris la goupille.
		Retremper le ressort....	0 06	
		Réparer le ressort	0 04	
Goupille finie, trempée..............	0 02	Goupille de ressort de crochet et de gâchette. { Remplacer la goupille...	0 05	
		Réparer et rajuster la goupille	0 03	Y compris re-tremper, s'il y a lieu.
Gâchette finie, trempée..............	0 45	Gâchette ..... { Remplacer une gâchette.	0 51	Y compris la goupille.
		Réparer une gâchette...	0 05	
		Retailler la tête de gâchette	0 04	
		Retailler et retremper la tête de gâchette	0 10	

CARABINE DE GENDARMERIE MODÈLE 1890 (*Suite*).

PIÈCES D'ARMES DE RECHANGE		INDICATION DES RÉPARATIONS.	PRIX total des réparations.	OBSERVAT.
ÉTAT DE FABRICATION dans lequel elles sont livrées aux corps par les manufactures d'armes. 1	PRIX auquel elles sont livrées aux corps. 2	3	4	5
	fr. c.	**MÉCANISME** (*suite*).	fr. c.	
Détente finie, trempée.............	0 30	Détente ...... { Remplacer une détente..	0 36	} Y compris la goupille.
		Réparer et rajuster une détente.............	0 03	
Goupille finie, trempée.............	0 02	Goupille de détente. { Remplacer la goupille ..	0 05	} Y compris retremper, s'il y a lieu.
		Réparer et rajuster la goupille.............	0 03	
Ejecteur fini, trempé.	0 25	Ejecteur ..... { Remplacer un éjecteur..	0 30	
		Réparer et rajuster un éjecteur.............	0 05	Id.
Vis de crochet, finie, trempée..........	0 05	Vis de crochet de chargeur. { Remplacer une vis de crochet..............	0 10	} Y compris, s'il y a lieu, retarauder l'écrou.
		Remplacer la vis de crochet cassée dans son trou.................	0 14	
		Réparer la vis..........	0 04	
Vis de gâchette finie, trempée..........	0 05	Vis de gâchette. { Remplacer une vis de gâchette.............	0 10	} Id.
		Remplacer une vis de gâchette cassée dans son trou.............	0 14	
		Réparer la vis..........	0 04	
Vis d'éjecteur, finie, trempée..........	0 03	Vis d'éjecteur. { Remplacer une vis d'éjecteur.............	0 08	} Id.
		Remplacer une vis d'éjecteur cassée dans son trou.............	0 12	
		Réparer la vis..........	0 04	
Entretoise finie......	0 02	Entretoise.... { Remplacer une entretoise	0 07	
		Réparer et polir une entretoise.............	0 03	
		MONTURE.		
Bois fini mécaniquement, non poli....	4 80	Remplacer un bois par un bois fait à la machine.....................	5 55	
Bois brut..........	3 75	Remplacer un bois par un bois fait à la main par l'armurier.................	7 50	
		Gratter et polir entièrement le bois.....	0 15	
		Gratter et polir une partie du bois......	0 05	
		Oter du bois dans le logement du canon.	0 12	
		Oter du bois dans le logement du mécanisme.....................	0 10	
		Resserrer le bois sur le canon..........	0 15	

CARABINE DE GENDARMERIE MODÈLE 1890 (*Suite*).

PIÈCES D'ARMES DE RECHANGE		INDICATION DES RÉPARATIONS.	PRIX total des réparations.	OBSERVAT.
ÉTAT DE FABRICATION dans lequel elles sont livrées aux corps par les manufactures d'armes. 1	PRIX auquel elles sont livrées aux corps. 2	3	4	5
	fr. c.	MONTURE (*suite*).	fr. c.	
		Redresser le fût............	0 15	
Enture brute........	0 30	Mettre une enture............	1 00	
		Mettre une grande pièce au bois........	0 20	
		Mettre une petite pièce au bois..........	0 15	
		Mettre une pièce sous la grenadière.....	0 25	
		Mettre une grande pièce au logement de la boîte de culasse.................	0 25	
		Mettre une cheville dans un trou de vis à bois................................	0 12	Y compris remettre la vis en place.
		Mettre une cheville au trou de la vis de culasse..............................	0 18	Y compris repercer le trou et rajuster la vis.
		Mettre une cheville au logement du tube d'appui.............................	0 15	En cas de ballottement du tube.
		GARNITURES.		
		Remplacer une baguette	0 18	Y compris le numérotage.
		Réparer une baguette...	0 10	
		Redresser une baguette et la passer au bleu...	0 12	
		Redresser une baguette.	0 02	Sans passer au bleu.
		Remplacer une tête de baguette.............	0 25	Y compris souder.
Baguette finie, trempée..............	0 45	Baguette..... { Réparer une tête de baguette.............	0 03	
Tête de baguette, finie..............	0 15	Ressouder une tête de baguette sur la tige...	0 05	
		Faire jouer une baguette dans son canal........	0 04	
		Retarauder les filets d'une baguette.............	0 05	Y compris, s'il y a lieu, ceux de l'écrou.
		Adoucir et polir une baguette...............	0 03	
Embouchoir fini, bronzé.............	0 30	Embouchoir.. { Remplacer un embouchoir..................	0 35	
		Réparer et rajuster un embouchoir..........	0 10	Y compris rebronzer.

CARABINE DE GENDARMERIE MODÈLE 1890 (*Suite*).

PIÈCES D'ARMES DE RECHANGE		INDICATION DES RÉPARATIONS.	PRIX total des réparations.	OBSERVAT.
ÉTAT DE FABRICATION dans lequel elles sont livrées aux corps par les manufactures d'armes.	PRIX auquel elles sont livrées aux corps.			
1	2	3	4	5
	fr. c.		fr. c.	
		GARNITURES (*suite*).		
		Embouchoir (*suite*). Réparer un embouchoir.	0 02	Sans rebronzer.
		Rajuster un embouchoir.	0 04	
		Polir et rebronzer un embouchoir..........	0 06	
		Remplacer un tenon à fourche..............	0 71	Y compris passer au bleu, s'il y lieu.
		Réparer un tenon à fourche...................	0 08	
Tenon à fourche, fini, trempé.............	0 65	Tenon à fourche. Réparer le crochet du tenon................	0 12	Y compris retremper, s'il y a lieu, et rajuster l'épée-baïonnette.
Crochet rapporté (pivot fileté, non trempé.................	0 10	Remplacer le crochet par une pièce rapportée...	0 45	Y compris tremper la pièce et la passer au bleu, et rajuster l'épée-baïonnette.
		Remplacer un crochet rapporté..............	0 38	
		Adoucir et polir extérieurement et intérieurement le tenon à fourche.	0 08	Y compris passer au bleu.
		Ressort d'embouchoir. Remplacer un ressort d'embouchoir........	0 25	Y compris passer au bleu, s'il y a lieu.
		Réparer et rajuster un ressort d'embouchoir..	0 06	
Ressort fini, trempé..	0 20	Réparer et retremper un ressort d'embouchoir..	0 08	Y compris passer au bleu.
		Mettre au bleu un ressort d'embouchoir.........	0 02	
		Vis de ressort d'embouchoir. Remplacer une vis de ressort d'embouchoir..	0 12	Y compris, s'il y a lieu, retarauder l'écrou et aléser le tube.
Vis finie, trempée...	0 05	Remplacer la vis cassée dans son trou........	0 16	
		Réparer la vis..........	0 04	
Tube d'appui, fini ...	0 03	Tube d'appui. Remplacer un tube d'appui................	0 08	
		Réparer et polir un tube d'appui................	0 04	

CARABINE DE GENDARMERIE MODÈLE 1890 (*Suite*).

PIÈCES D'ARMES DE RECHANGE		INDICATION DES RÉPARATIONS. 3	PRIX total des réparations. 4	OBSERVAT. 5
ÉTAT DE FABRICATION dans lequel elles sont livrées aux corps par les manufactures d'armes. 1	PRIX auquel elles sont livrées aux corps. 2			
	fr. c.	GARNITURES (*suite*).	fr. c.	
Grenadière avec anneau, finie, bronzée.	0 70	Grenadière... { Remplacer une grenadière avec anneau....	0 75	Y compris rebronzer.
		Réparer et rajuster une grenadière...........	0 10	Sans rebronzer.
		Rajuster une grenadière.	0 04	
		Polir et rebronzer une grenadière...........	0 06	
Anneau fini mécaniquement.........	0 15	Anneau de grenadière. { Remplacer un anneau de grenadière..........	0 30	Y compris rebronzer.
		Réparer un anneau de grenadière...........	0 10	
Ressort fini, trempé.	0 15	Ressort de grenadière. { Remplacer un ressort de grenadière...........	0 19	Y compris mettre au bleu, s'il y a lieu.
		Réparer un ressort de grenadière...........	0 04	
		Réparer et retremper un ressort de grenadière..	0 08	
		Mettre au bleu un ressort de grenadière.........	0 02	
Taquet fini, bronzé..	0 10	Taquet de support d'élévateur. { Remplacer un taquet....	0 13	Y compris rebronzer.
		Réparer un taquet	0 06	
		Adoucir et polir un taquet	0 04	
Vis de taquet, finie, trempée...........	0 05	Vis à bois de taquet...... { Remplacer une vis de taquet...............	0 08	
		Remplacer une vis de taquet cassée dans son trou...............	0 12	
		Réparer la vis..........	0 04	
Ecrou-support fini...	0 25	Ecrou-support de vis de culasse .... { Remplacer un écrou-support de vis de culasse.	0 28	
		Réparer un écrou-support...............	0 04	
Vis finie, trempée...	0 05	Vis à bois d'écrou-support { Remplacer une vis d'écrou-support..........	0 08	
		Remplacer une vis d'écrou-support cassée dans son trou.........	0 12	
		Réparer la vis..........	0 04	
Support complet, fini	0 20	Support d'oreilles-écrou de baguette. { Remplacer un support d'oreilles-écrou de baguette complet.......	0 35	
Vis de support, finie.	0 15			
Ecrou de support, fini	0 05	Réparer un support-écrou	0 06	

CARABINE DE GENDARMERIE MODÈLE 1890 (*Suite*).

PIÈCES D'ARMES DE RECHANGE		INDICATION DES RÉPARATIONS.	PRIX total des réparations.	OBSERVAT.
ÉTAT DE FABRICATION dans lequel elles sont livrées aux corps par les manufactures d'armes. 1	PRIX auquel elles sont livrées aux corps. 2	3	4	5
	fr. c.	GARNITURES (*suite*).	fr. c.	
		Support d'oreilles-écrou de baguette (*suite*). — Remplacer une vis de support............	0 25	Y compris, s'il y a lieu, retarauder l'écrou.
		Réparer une vis de support................	0 04	
		Remplacer un écrou....	0 15	
		Réparer un écrou.......	0 03	
		Support d'oreilles...... — Remplacer un support complet...............	0 30	
		Réparer un support.....	0 04	
Support complet, fini.	0 15	Remplacer une vis de support...............	0 20	
Vis de support, finie.	0 10	Réparer une vis de support................	0 04	Id.
Écrou fini...........	0 05	Remplacer un écrou.....	0 15	
		Réparer un écrou.......	0 03	
		Vis de mécanisme. — Remplacer une vis de mécanisme............	0 15	
Vis de mécanisme, finie, trempée.....	0 10	Remplacer une vis de mécanisme cassée dans son trou...............	0 19	Id.
		Réparer une vis de mécanisme...............	0 04	
		Vis de pontet. — Remplacer une vis de pontet................	0 15	
Vis de pontet, finie, trempée...........	0 10	Remplacer une vis de pontet cassée dans son trou....................	0 19	Id.
		Réparer une vis de pontet.	0 04	
		Vis de culasse. — Remplacer une vis de culasse................	0 12	
Vis de culasse, finie, trempée...........	0 07	Remplacer une vis de culasse cassée dans son trou....................	0 16	Id.
		Réparer une vis de culasse	0 04	
Battant complet, fini.	0 55	Battant de crosse à pivot tournant. — Remplacer un battant de crosse................	0 58	Avec anneau.
Embase finie, percée.	0 10	Réparer un battant de crosse................	0 08	
Pivot fini...........	0 10	Remplacer une embase avec pivot et rondelle.	0 33	Y compris le rivet.
Rondelle de pivot, finie, percée.......	0 02	Réparer une embase....	0 04	

CARABINE DE GENDARMERIE MODÈLE 1890 (*Suite*).

PIÈCES D'ARMES DE RECHANGE		INDICATION DES RÉPARATIONS.	PRIX total des réparations.	OBSERVAT.
ÉTAT DE FABRICATION dans lequel elles sont livrées aux corps par les manufactures d'armes.	PRIX auquel elles sont livrées aux corps.			
1	2	3	4	5
	fr. c.		fr. c.	
		GARNITURES (*suite*).		
		Battant de crosse à pivot tournant (*suite*). Remplacer un pivot ou une rondelle..........	0 23	Y compris la rondelle ou le pivot et le rivet.
		Resserrer un pivot......	0 06	Y compris resserrer les rosettes de l'anneau et remplacer le rivet.
		Rajuster le rivet de la rondelle...............	0 03	
		Adoucir et polir un battant..................	0 04	Y compris l'anneau.
		Anneau de battant. Remplacer un anneau de battant...............	0 36	Y compris le rivet.
		Réparer un anneau.....	0 03	
Anneau fini, percé..	0 30	Resserrer les rosettes d'un anneau..........	0 06	Y compris resserrer le pivot et remplacer le rivet.
Rivet...............	0 01	Remplacer un rivet.....	0 05	
		Rajuster le rivet et l'anneau sur le pivot.....	0 03	
		Vis à bois de battant de crosse. Remplacer une vis de battant...............	0 08	
Vis de battant, finie, trempée..........	0 05	Remplacer une vis de battant cassée dans son trou..................	0 12	
		Réparer une vis de battant..................	0 04	
		Plaque de couche. Remplacer une plaque de couche...............	0 55	Sans les vis.
Plaque de couche, finie..............	0 45	Réparer une plaque de couche...............	0 04	
		Adoucir et polir une plaque de couche........	0 03	
		Vis à bois de plaque de couche. Remplacer une vis de plaque de couche......	0 08	
Vis finie, trempée...	0 05	Remplacer une vis de plaque cassée dans son trou..................	0 12	
		Réparer la vis..........	0 04	

CARABINE DE GENDARMERIE MODÈLE 1890 (*Suite*).

PIÈCES D'ARMES DE RECHANGE		INDICATION DES RÉPARATIONS.	PRIX total des réparations.	OBSERVAT.
ÉTAT DE FABRICATION dans lequel elles sont livrées aux corps par les manufactures d'armes.	PRIX auquel elles sont livrées aux corps.			
1	2	3	4	5
	fr. c.	**ÉPEE-BAÏONNETTE.**	fr. c.	
Lame finie, trou non percé............	2 00	Lame........ Remplacer une lame....	2 15	Y compris percer le trou de la soie et remplacer le rivet.
		Refourbir une lame à la meule de grès et la polir..............	0 15	Sans démonter.
		Refourbir une lame à l'émeri et la polir.....	0 05	Id.
		Redresser une lame et la passer au bleu........	0 20	
		Refaire la pointe........	0 05	
		Réparer une lame mutilée	0 05	
Croisière finie, trou non percé.........	0 80	Croisière..... Remplacer une croisière et son rivet..........	0 95	Y compris le perçage du trou et le rivet.
		Réparer une croisière...	0 10	
Rivet coupé de longueur............	0 02	Relimer et polir une croisière	0 04	
		Resserrer la fente de la croisière.............	0 08	Sans démonter et à froid.
		Remplacer le rivet.....	0 04	
		Remplacer une poignée..	1 90	
Poignée finie........	1 65	Poignée...... Réparer une poignée mutilée..................	0 06	Sans la démonter.
		Réparer l'évidement pour la tête de baguette.....	0 02	
		Polir une poignée.......	0 03	
Ecrou fini, trempé...	0 05	Ecrou de poignée. Remplacer un écrou de poignée..............	0 10	
		Réparer un écrou de poignée..............	0 04	
		Resserrer l'écrou.......	0 05	
Corps de poussoir, fini, trempé......	0 35	Corps de poussoir. Remplacer un corps de poussoir	0 40	
		Réparer et rajuster le crochet d'un corps de poussoir	0 08	Y compris retremper, s'il y a lieu.

CARABINE DE GENDARMERIE MODÈLE 1890 (*Suite*).

PIÈCES D'ARMES DE RECHANGE		INDICATION DES RÉPARATIONS.	PRIX total des réparations.	OBSERVAT.
ÉTAT DE FABRICATION dans lequel elles sont livrées aux corps par les manufactures d'armes.	PRIX auquel elles sont livrées aux corps.			
1	2	3	4	5
	fr. c.	ÉPÉE-BAÏONNETTE (*suite*).	fr. c.	
		Corps de poussoir (*suite*). Réparer un corps de poussoir..............	0 04	
		Adoucir et polir un corps de poussoir............	0 03	
		Bouton de poussoir. Remplacer un bouton de poussoir.................	0 14	
Bouton, fini, trempé.	0 10	Réparer un bouton de poussoir.................	0 04	
		Polir un bouton de poussoir..................	0 02	
Ressort fini, trempé.	0 03	**Ressort de poussoir.** Remplacer un ressort de poussoir.................	0 05	
		Fourreau..... Remplacer un fourreau complet	1 66	
		Remandriner un fourreau	0 25	Y compris re-bronzer, s'il y a lieu.
		Redresser un fourreau..	0 15	
Fourreau fini, bronzé	1 65	Relimer, polir et rebronzer un fourreau........	0 20	
		Polir et rebronzer entièrement un fourreau...	0 15	
		Polir et rebronzer une partie du fourreau....	0 08	
		Retirer un corps étranger du fourreau.......	0 06	
Cuvette finie, trempée	0 12	**Cuvette.......** Remplacer une cuvette..	0 18	Y compris le rivet.
Rivet	0 01	Réparer et rajuster une cuvette..............	0 06	
		Retremper une cuvette..	0 15	
		Remplacer le rivet......	0 04	
Bracelet-pontet fini...	0 04	**Bracelet-pontet.** Remplacer un bracelet-pontet.................	0 21	Y compris re-bronzer.
		Rebraser un bracelet-pontet.................	0 12	
		Réparer un bracelet-pontet	0 10	
Bouton fini..........	0 04	**Bouton de fourreau.** Remplacer un bouton de fourreau...............	0 21	Id.
		Rebraser un bouton de fourreau...............	0 12	
		Réparer un bouton de fourreau................	0 06	

CARABINE DE GENDARMERIE MODÈLE 1890 (*Suite*).

PIÈCES D'ARMES DE RECHANGE		INDICATION DES RÉPARATIONS.	PRIX total des réparations.	OBSERVAT.
ÉTAT DE FABRICATION dans lequel elles sont livrées aux corps par les manufactures d'armes. 1	PRIX auquel elles sont livrées aux corps. 2	3	4	5
	fr. c.	**ÉPÉE-BAÏONNETTE** (*suite*).	fr. c.	
Epée-baïonnette avec fourreau, finie.....	6 65	Epée-baïonnette.		Y compris rajuster sur le canon, s'il y a lieu.
		Remplacer une épée-baïonnette avec fourreau.................	6 70	
Epée-baïonnette sans fourreau, finie.....	5 00	Remplacer une épée-baïonnette sans fourreau.................	5 05	
		Rejuster une épée-baïonnette sur le canon.....	0 12	
		NUMÉROTAGE.		
		Renuméroter une pièce quelconque de l'arme, y compris, s'il a lieu, effacer l'ancien numéro......................	0 01	En cas de remplacement d'une pièce numérotée, le numérotage de la nouvelle pièce est toujours compris dans le prix du remplacement et ne donne pas lieu, par suite, à une allocation spéciale, S'il y a divergence entre les numéros des différentes pièces de l'arme, les pièces sont numérotées au numéro du canon.
		GRAISSAGE.		
		Graisser une arme en magasin.........	0 05	Y compris la démonter complètement, la nettoyer, s'il y a lieu, et la remonter.
		NETTOYAGES.		
		Grand........ de toute l'arme, y compris l'épée-baïonnette..	1 05	Quand les pièces sont à relimer, y compris rebronzer.
		de toute l'arme, sans l'épée-baïonnette.......	0 75	
		de l'épée-baïonnette avec fourreau.............	0 30	

CARABINE DE GENDARMERIE MODÈLE 1890 (*Suite*).

PIÈCES D'ARMES DE RECHANGE		INDICATION DES RÉPARATIONS.	PRIX total des réparations.	OBSERVAT.
ÉTAT DE FABRICATION dans lequel elles sont livrées aux corps par les manufactures d'armes.	PRIX auquel elles sont livrées aux corps.			
1	2	3	4	5
	fr. c.		fr. c.	
		NETTOYAGE (*suite*).		
		Moyen....... { de toute l'arme, y compris l'épée-baïonnette..	0 85	Sans rclimer les pièces, y compris re-bronzer.
		de toute l'arme sans épée-baïonnette............	0 65	
		du canon, de la boîte de culasse et du mécanisme................	0 50	
		de la culasse mobile....	0 10	
		de l'épée-baïonnette avec le fourreau..........	0 20	
		Léger........ { de toute l'arme, y compris l'épée-baïonnette..	0 45	Y compris re-bronzer, s'il y a lieu.
		de toute l'arme sans épée-baïonnette............	0 35	
		du canon et de la boîte de culasse............	0 15	
		du mécanisme..........	0 08	
		de la culasse mobile....	0 05	
		de l'épée-baïonnette avec le fourreau..........	0 10	
		ARME COMPLÈTE.		
		Carabine de gendarmerie modèle 1890 avec épée-baïonnette et fourreau......	45 00	Sans char-geurs.
		Chargeur.............................	0 07	

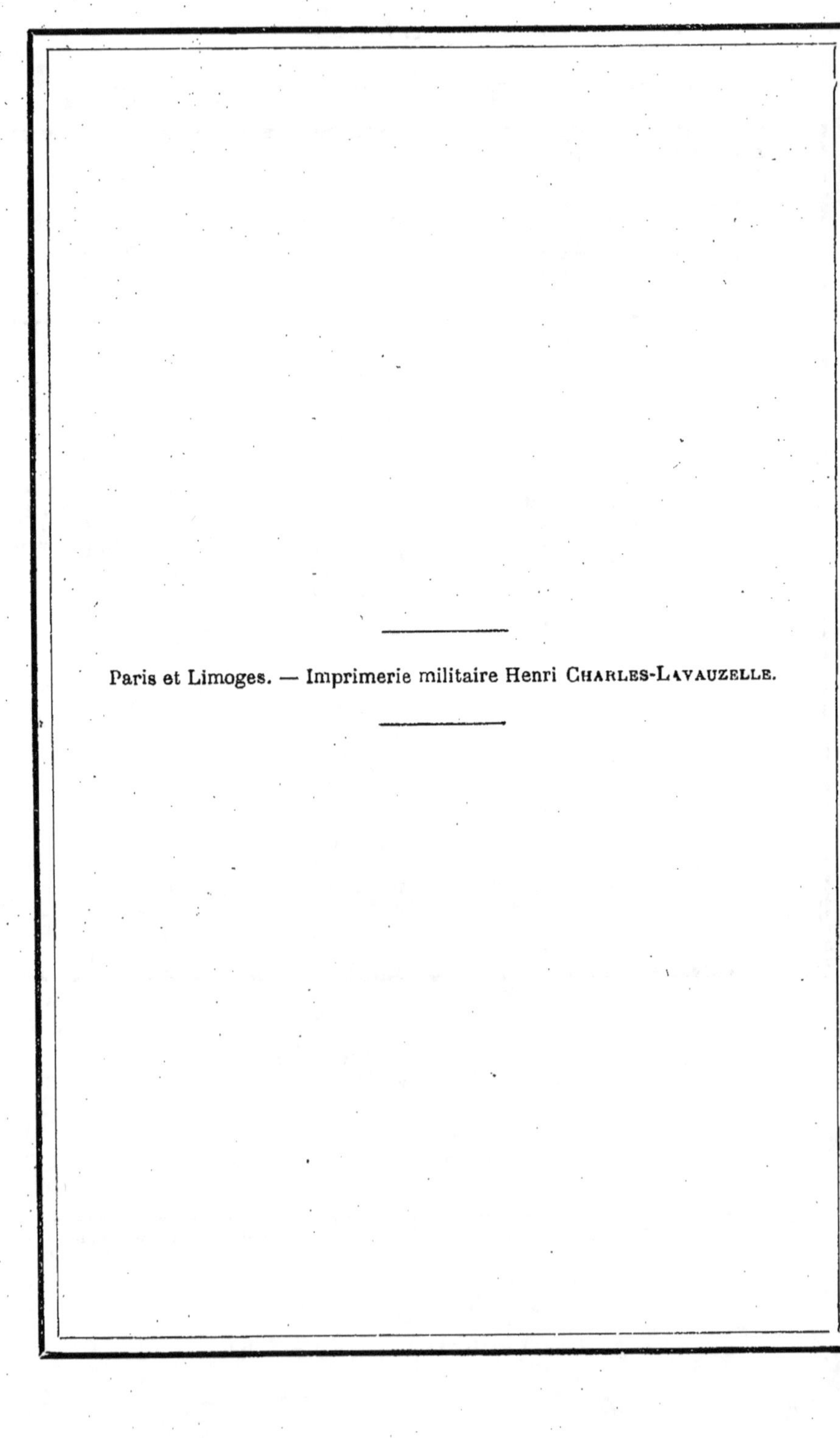

Paris et Limoges. — Imprimerie militaire Henri CHARLES-LAVAUZELLE.